XIN JIUYE XINGTAI LAODONGZHE ANQUAN
JIANKANG ZHISHI 50WEN

新就业形态劳动者安全健康知识50问

中华全国总工会劳动和经济工作部◎编著

中国工人出版社

图书在版编目（CIP）数据

新就业形态劳动者安全健康知识50问 / 中华全国总工会劳动和经济工作部编著. -- 北京：中国工人出版社, 2025. 7. -- ISBN 978-7-5008-8758-4

Ⅰ. R13-44

中国国家版本馆CIP数据核字第20256ED062号

新就业形态劳动者安全健康知识50问

出 版 人　董　宽
责任编辑　时秀晶
责任校对　张　彦
责任印制　黄　丽
出版发行　中国工人出版社
地　　址　北京市东城区鼓楼外大街45号　邮编：100120
网　　址　http://www.wp-china.com
电　　话　（010）62005043（总编室）
（010）62005039（印制管理中心）
（010）62379038（社科文艺分社）
发行热线　（010）82029051　62383056
经　　销　各地书店
印　　刷　三河市国英印务有限公司
开　　本　787毫米×1092毫米　1/32
印　　张　4.25
字　　数　50千字
版　　次　2025年10月第1版　2025年10月第1次印刷
定　　价　28.00元

目录

CONTENTS

第一部分 基础篇

第二部分 安全预防篇

第三部分 应急处置篇

第四部分 职业健康篇

第一部分

基础篇

01 什么是新就业形态劳动者?

一般来说，新就业形态劳动者主要指线上接受互联网平台发布的配送、出行、运输、家政服务等工作任务，按照平台要求提供平台网约服务，通过劳动获取劳动报酬的劳动者。其就业具有以下特点。

就业模式平台化：依托互联网平台实现就业，工作机会通过算法匹配。

劳动关系灵活化：就业多采用非传统劳动关系模式，如劳务外包、众包等，劳动者往往与平台签订合作协议而非劳动合同，存在社会保障不足的风险。

工作特性碎片化：工作时间、地点、强度不固定且高度分散，易引发健康问题。

02 新就业形态劳动者主要面临哪些安全风险？

（1）交通与户外环境风险

交通意外：外卖骑手、网约车司机、快递员等群体因工作需要长期在道路上奔波，遇到交通意外的概率高于普通人群。如果违反交通规则，有超速、闯红灯、逆行等行为，可能导致交通事故，产生擦伤、挫伤、锐器伤、脑震荡等伤害，严重的会导致死亡。

极端天气暴露：在暴雨、高温、严寒、台风等极端天气中户外作业，可能遭遇雷击、中暑、冻伤、路面湿滑摔倒等风险。夏季高温时，外卖骑手因长时间暴晒导致热射病的案例时有发生。

（2）工作场所与操作风险

机械与物理伤害：劳动者装卸货物时，可能因机械故障、货物超重导致砸伤；家政服务人员工作时，可能因操作不当被划伤或触电。

陌生环境人身安全：家政服务人员需进入陌生客户家中，可能面临暴力、骚扰或财产纠纷等风险；夜间工作的网约车司机、代驾可能遭遇乘客冲突、抢劫等威胁。

03 新就业形态劳动者主要面临哪些健康风险？

（1）生理健康风险

久坐久站：长期久坐，易导致腰椎间盘突出、前列腺炎、下肢静脉血栓；长期站立或奔跑，易引发足底筋膜炎、膝关节磨损、静脉曲张。

工作特性：长期负重，可能导致腰肌劳损、肩袖损伤；长期被紫外线照射，患皮肤癌的风险高于普通人群。

饮食作息："饥一顿饱一顿"等不规律的饮食，易引发慢性胃炎、胃溃疡；长期熬夜，可能导致生物钟紊乱，增加高血压、糖尿病的患病风险。

（2）心理健康风险

情绪压力与焦虑：新就业形态劳动者易处于高压状态，如外卖骑手因一个差评可能损失数日收入，易产生焦虑、抑郁情绪。

社交隔离与孤独感：网约车司机等工作环境封闭，缺乏同事交流，长期如此易产生孤独感。

职业认同危机：部分新职业尚未被社会完全认可，劳动者可能产生自我否定心理。

04 保障新就业形态劳动者权益的法律法规政策主要有哪些？

（1）《中华人民共和国劳动法》

该法保障劳动者平等就业权、取得劳动报酬权、休息休假权、获得劳动安全卫生保护权等基本权利。新就业形态劳动者依据该法维护自身劳动报酬、工作时间、休息休假、劳动安全卫生等权益。

（2）《中华人民共和国劳动合同法》

该法明确了劳动合同的订立、履行、变更、解除和终止等规则。新就业形态劳动者中，已与企业订立劳动合同的，依该法维护劳动合同相关方面的权益，如试用期规定、劳动合同解除的经济补偿等。

（3）《中华人民共和国社会保险法》

该法明确了劳动者在养老保险、医疗保险、失业保险、工伤保险和生育保险等方面的权益。新就业形态劳动者可根据自身情况，参加相应的社会保险以保障自己在医疗、养老等方面的权益。

（4）《中华人民共和国安全生产法》

该法要求企业建立健全全员安全生产责任制和安全生产规章制度，加大对安全生产资金、物资、技术、人员的投入保障力度，改善安全生产条件。新就业形态劳动者依法维护自身安全权益。

（5）《关于维护新就业形态劳动者劳动保障权益的指导意见》

该文件专门针对新就业形态劳动者权益保障，明确了符合确立劳动关系情形、不完全符合确立劳动关系情形，以及个人依托平台自主开展经营活动等不同情形下劳动者的权益保障责任，对劳动报酬、休息制度、劳动安全卫生、社会保险等方面作出了具体规定。

（6）《新就业形态劳动者休息和劳动报酬权益保障指引》《新就业形态劳动者劳动规则公示指引》《新就业形态劳动者权益维护服务指南》

这三份文件多方面保障了新就业形态劳

动者的合法权益，明确工作时间和休息办法、劳动报酬规则、劳动规则公示要求以及权益维护服务流程等。

（7）《新就业形态劳动者权益协商指引》

该文件规范企业和工会组织、劳动者代表平等协商涉及劳动者权益事项，既包括制修订涉及劳动者权益的制度规则和算法，也包括建立健全协商机制。

05 工会驿站为新就业形态劳动者提供哪些安全健康服务?

（1）基础服务

工会驿站提供休息场所、饮用水、餐食加热、驱寒避雨、手机充电等一站式服务，许多还配备了空调、沙发座椅、冰箱等设施以及应急药品。

（2）权益服务

部分工会驿站为新就业形态劳动者提供维权指导、劳动争议调解和工会法律援助等服务，帮助解决劳动报酬、劳动安全、社会保险等方面的问题。

（3）健康服务

部分工会驿站安排流动体检车为新就业形态劳动者提供健康体检及基础健康咨询活动，还有一些工会驿站会发放防暑药品、清凉饮品等防暑降温物品，助力平安度夏。

（4）心理服务

部分工会驿站开展心理关爱活动，提供心理咨询热线及现场咨询服务，帮助新就业形态劳动者缓解工作压力，保持心理健康。

第二部分

安全预防篇

06 暴雨天驾驶如何确保安全？

（1）谨慎涉水

当车辆经过积水路段时，若无法判断积水深度和路面情况，应先下车查看，水深不能超过排气管高度。

（2）不超车

雨天路滑，车辆不易控制，驾驶员视线受阻，强行超车容易发生碰撞事故。

（3）谨慎跟车

尽量选择路况较好的大路行驶，加大车距，跟车不要太近，雨天路滑，车辆制动能力下降，容易追尾。

（4）防止剐蹭行人

雨天行人撑伞、穿着雨披，视线、反应、听觉可能会受到限制，遇到车辆来不及避让，因此驾驶员要减速慢行，耐心避让。

（5）小心陷车熄火

陷车，勿猛加油门冲车。若发动机不熄火，配合人力或其他车辆的协助驶离水区。若涉水时发动机熄火，应尽快撤离危险区域，并报警。

07 下雪天驾驶如何确保安全?

车辆上如被积雪覆盖，出行前要清除前后风挡玻璃、左右后视镜和四周车窗玻璃上的积雪，避免视线受阻。

能见度低时，应及时开启雾灯、近光灯、示廓灯和前后位灯以便观察前方情况并示意自身位置和通行情况。

注意行车速度，车速不要过快，注意和前车保持安全距离，谨慎驾驶。

在冰雪路面行驶时，入弯道前应降低车速，避免在进入弯道后刹车导致侧滑；在转弯时，可适当增大转弯半径，以减少侧滑的风险。

08 大雾天驾驶如何确保安全？

正确使用灯光，将车上的各种灯光都打开（远光灯除外），雾很浓时打开双闪灯。保持低车速，雾越大，可视距离越短，车速就越低。使用喇叭提示，提醒行人、车辆注意避让。

不要盲目超车，超车时注意对面是否有来车以及路面上的行人，并适时按喇叭从左侧低速绕过。切忌猛踩刹车，若需紧急制动，

可连续几次轻踩刹车起到制动并提醒后车注意的作用。

两条车道选外侧，三条车道选中间。采取措施清除车内雾气，开启后窗除雾功能，并将出风口朝向前风挡。浓雾时看不清道路标志可借助 GPS，避免迷路。

09 大风天驾驶如何确保安全？

（1）降低车速，保持车距

大风天气行车时，应降低车速，保持车

距，留出足够的反应时间应对突发情况，避免急刹车、急转向，防止车辆失控。

（2）注意灯光使用

及时开启雾灯、近光灯和示廓灯，提高自身车辆的辨识度，让其他驾驶员能清楚看到你的位置，但不要使用远光灯，以免灯光在沙尘中折射影响视线。

（3）紧握方向盘，注意横风

行驶过程中双手要握紧方向盘，当遇到横风时，车辆可能会发生偏移，此时应适当朝逆风方向微调方向盘，缓慢修正行驶方向，切忌猛打方向盘或急踩刹车。

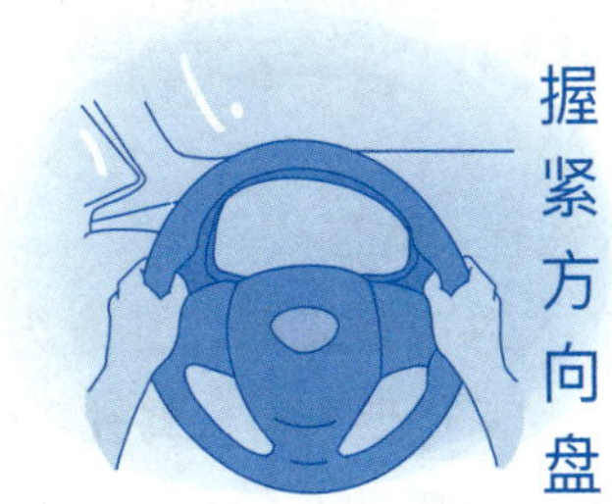

（4）避开危险区域

尽量避免在广告牌、电线杆、大树、临时建筑物等易被大风吹倒的物体旁停车或行驶，以防被掉落物体砸伤。

（5）远离大型车辆

大风天气下，大型车辆受风力影响更大，行驶稳定性变差，且其扬起的灰尘会严重影响视线，小型车辆应尽量避开大型车辆，不要长时间并行或跟随。

（6）关注行人动态

行人在大风中行走时，注意力易分散，可能会突然改变行走方向，驾驶车辆时要注意留意行人、非机动车的动态，减速慢行，礼让行人。

（7）停车选择安全地点

如果需要停车，应选择地势较高、空旷且没有安全隐患的地方，车头可背向风沙，关闭车窗，避免沙尘进入车内。

（8）检查车辆状况

出行前仔细检查车辆的制动、转向、灯光等系统是否正常，雨刮器能否正常工作，车窗密封情况，确保车况处于良好的状态。

10 夜间驾驶应该注意什么问题？

（1）集中注意力

夜间视线不佳，驾驶员要集中注意力观察前方路况，避免因未及时发现路面上的障碍物或操作不当酿成事故。

（2）控制好车速

夜间行驶一定要控制好车速，不要超速行驶；行驶至需要转弯或者是坡路、窄路等路段时，一定要降低车速，缓慢通过。

（3）注意观察岔道口

经过岔道口、路口，谨慎慢行的同时可通过闪灯来提醒行人、车辆，做好预防。

（4）保持安全车距

夜间行车时要与其他车辆保持足够的安全距离，由于视线不好，驾驶员对路况不能做到一目了然，极易发生交通事故，应尽量增大车距，以防不测。

（5）注意灯光的使用

夜间行驶应注意灯光使用，在车少人稀或没有路灯照明的公路上，夜间行车最好使用远光灯，当与对向车辆距离 150 米左右时，应将远光灯换成近光灯并通过变换远近灯光闪烁提示对方；夜间遇暴雨天气，应将雾灯和双闪灯都打开，得到更好视野的同时也更容易引起行人和其他车辆注意。

（6）请勿疲劳驾车

夜间行车比白天更容易疲劳，连续驾车 2 小时以上或感觉疲劳时，要前往就近的服务区停车休息。切忌随意在路边停靠休息，以免引发交通事故。

（7）注意超车安全

夜间尽量不要超车，若必须超车，要选择光线好、道路宽阔平坦、无障碍物的地方，超车时要连续变换远近灯光通知前方车辆。弯道、窄路严禁超车。

11 山区道路驾驶应该注意什么问题？

提前规划：观察坡道，调整车速和挡位。

保持平稳：选择低挡位，恒速上坡，避免突然加速。

保持车距：防止前车后溜导致的追尾事故。

警惕坡顶：注意交叉交通，提前避让。

适时调整：动力不足时立即减挡。

应对意外：熄火时迅速停车重启。

耐心驾驶：避免过度加速，确保发动机平稳。

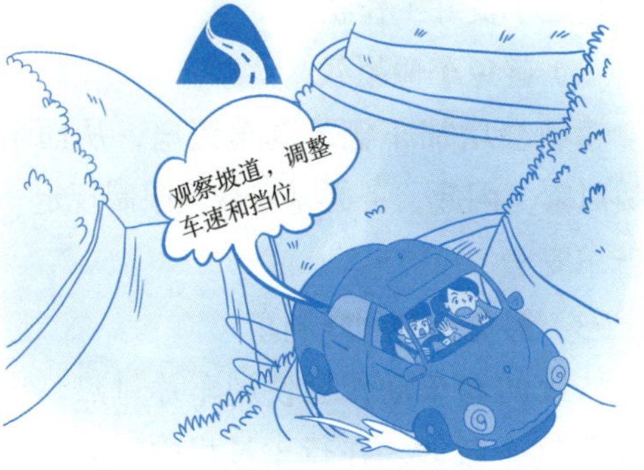

下坡控制：利用发动机制动，避免空挡滑行。

下陡坡注意：不可超车，提前制动。

遵守规则：不随意变道。

12 如何预防汽车刹车失灵？

（1）定期检查刹车系统

驾驶员要经常检查车辆的刹车系统，包括刹车片、刹车盘、刹车油等关键部件，以确保其处于良好工作状态。

（2）避免车辆超载

超载会增加车辆的刹车距离，从而增大事故风险。因此，务必遵守载重限制规定，保障行车安全。

（3）避免长时间踩刹车

持续的刹车动作会使刹车片过热，进而影响其刹车效能。在行车过程中，应避免长时间踩住刹车，要保持适当的车距，利用车辆的惯性来控制速度。

（4）雨雪天气谨慎刹车

雨雪天气时，路面湿滑，刹车距离会相应增加。在行车过程中，务必提前减速，并保持比平时更长的安全距离。

13 如何预防汽车转向故障？

严格执行车辆维护制度，定期检查转向系统各部件有无损坏，及时更换损坏部件。

上路前，原地左右摇动方向盘，查看是否松动或漂移不稳，有异常先不要出车。

行车中感觉车头偏离、前轮摇摆或方向盘漂移，要立刻停车检查。

通过复杂道路或车辆剧烈颠簸后，也要停车检查转向系统机件。

14 如何预防车辆爆胎？

（1）定期检查轮胎气压

建议至少每月检查一次轮胎气压。气压不足是爆胎的常见原因之一。当气压不足时，轮胎侧壁会过度弯曲，产生大量热量，加速磨损，增加爆胎风险。

（2）警惕轮胎鼓包

轮胎鼓包是非常危险的，通常是因为内部帘子线断裂造成的。如果发现鼓包，一定要立即更换轮胎，因为鼓包处的轮胎壁非常薄，行驶中很容易爆胎。

（3）避免急加速和急刹车

急加速时，车辆的动力会突然传递到轮胎，导致轮胎与地面的摩擦力瞬间增大，容易加剧磨损，甚至使轮胎温度过高。同样，急刹车也会让轮胎在短时间内承受巨大压力，增加爆胎风险。

（4）长途驾驶要注意休息

如果需要长途驾驶，建议每隔一段时间停车休息一下，给轮胎散热的机会。长时间高速行驶会让轮胎温度不断升高，高温会使橡胶老化，降低轮胎强度，从而引发爆胎。

（5）严禁超载

行驶途中严禁超载。车辆的载重都是有标准的，超载会让轮胎承受过大压力，超出设计负荷，导致轮胎变形过度，增加爆胎风险。

15 汽车夏季养护应该注意什么？

（1）清理车内易燃物品

车内放置的易燃物品在高温环境下容易成为自燃的导火索。如打火机、香水、空气清新剂、充电宝等，这些物品在高温下可能会发生爆炸或燃烧。夏季行车前，要仔细检查车内，将易燃物品清理干净，放置在阴凉通风的地方，或者使用具有阻燃性能的收纳盒进行存放，避免阳光直射。

（2）定期保养，检查车辆电路系统

车辆电路系统是自燃的高发区域。随着车辆使用年限的增加，电路可能会出现老化、短路等问题。要定期到专业的汽车维修店对电路系统进行全面检查，包括电线是否有破损、插头是否松动、保险丝是否正常。一旦发现问题，及时进行维修或更换。同时，避免私自改装电路，如加装大功率电器设备等，以免增加电路负荷，引发自燃风险。

（3）留意油路状况，防止泄漏

油路泄漏也是车辆自燃的重要原因之一。高温会使油管等部件加速老化，容易出现裂纹或松动，导致燃油泄漏。在日常保养中，要检查油管是否有磨损、变形，接口处是否密封良好。如果发现油路有泄漏迹象，应立即停止使用车辆，并前往维修店进行修复。此外，加油时不要加得过满，避免燃油溢出，增加自燃风险。

（4）检查发动机舱，保持清洁

发动机舱内积聚的灰尘、油污等杂物在高温下可能会引发火灾。应定期清理发动机舱内的灰尘、油污等杂物，保持发动机舱内清洁。可以使用专用的清洁剂和工具进行清理，但要注意避免在发动机高温时进行操作，以免被烫伤。同时，检查发动机舱内的散热风扇、散热器等部件是否正常工作，确保发动机能够正常散热。

（5）合理使用空调，避免长时间暴晒

夏季行车时，空调是必不可少的设备，

但长时间使用空调会使发动机负荷增加。因此，要合理使用空调，避免长时间连续开启。在停车时，尽量选择阴凉处，避免车辆长时间暴晒在阳光下。如果车辆必须停放在室外，可以使用遮阳挡等物品对车辆进行遮挡，降低车内温度。

（6）配备灭火器材，定期检查

在车内配备合适的灭火器材，如干粉灭火器等，并定期检查灭火器的压力是否正常、是否在有效期内。同时，要熟悉灭火器的使用方法，确保在发生火灾时能够及时、有效地进行扑救。

（7）注意轮胎状况，防止爆胎引发火灾

高温会使轮胎气压升高，增加爆胎的风险。应定期检查轮胎的磨损情况、气压是否正常，以及是否有鼓包、裂纹等问题。定期对轮胎进行换位和调整，保证轮胎的均匀磨损。如果发现轮胎磨损严重或存在安全隐患，应及时更换。同时，行车过程中要注意控制车速，避免急刹车、急加速等操作，减少对轮胎的冲击。

（8）检查刹车系统，确保制动可靠

刹车系统故障可能会导致刹车片过热，引发火灾。应定期检查刹车片的磨损情况、刹车油的液位和质量，以及刹车系统的密封性。如果发现刹车片磨损严重或刹车油变质，应及时更换。同时，进行刹车系统调试，确保制动性能良好，避免因刹车失灵引发事故。

（9）避免长时间连续行驶

长时间连续行驶会使车辆各部件处于高温状态，增加自燃的风险。夏季行车时，要合理安排行程，避免长时间连续驾驶。每行驶 2~3 小时，应停车休息一段时间，让车辆冷却一下。同时，应检查车辆的各项状况，确保行车安全。

（10）提高安全意识，关注车辆异常情况

驾驶员要提高安全意识，时刻关注车辆的异常情况。如果在行车过程中闻到焦煳味、看到烟雾或听到异常声响等，应立即停车检查，避免问题恶化。同时，要了解车辆自燃的前兆，如发动机舱冒烟、仪表盘指示灯异常等，以便及时采取措施。

16 电动车电池如何充电才安全？

（1）选择合适的充电器

充电器是关键设备，需选择与电动车电池型号匹配的，不同型号的电池对充电电压和电流有要求，不匹配会损害电池。同时要选质量可靠的充电器，其经过严格质量检测，安全有保障。避免因使用质量差的充电器造成过热、短路等安全隐患。

（2）控制充电时间

充电时间不宜过长或过短，过长会导致电池过充影响其使用寿命，过短则充不满影响续航。应根据电池容量和充电器输出功率确定充电时间，参考指示灯判断充电状态，充电完成后及时拔掉充电器。避免在高温或低温环境下长时间充电。

（3）避免频繁快充

快充虽快但频繁使用会损害电池，因其使电池在高电压和电流下充电，会加速电池老化。日常应尽量避免频繁快充，时间允许可选择慢充以保护电池，紧急情况可快充但不宜长期用。

（4）定期深度放电和充电

为保持电池性能需定期深度放电和充电，即耗尽电量再充，可激活活性物质提高容量和性能。但不宜过于频繁，一般每月 1 次，且确保在安全环境下进行深度放电，避免发生危险。

（5）保持充电环境良好

通风良好，远离潮湿、火源和易燃物品的环境利于充电安全和延长电池使用寿命。封闭空间、潮湿环境会增加短路风险，损坏电池和充电器。

（6）合理使用电动车

合理使用电动车也有助于延长电池使用寿命和提高充电效率。避免急加速、急

刹车和超载，根据路况和行驶距离合理选择速度，定期保养、检查电池等部件状态。

17 车内空气如何保证健康清新?

（1）定期清理和消毒

定期清理和消毒车辆进气口，可以减少进入空调系统的污染物，降低滤芯堵塞的风险。可以使用 75% 的酒精水溶液擦拭进气口及部分风道。

（2）简易养护

车辆空调系统中的蒸发箱因工作时内冷外热，长时间运转后表面会形成水珠，容易滋生霉菌。

①空调系统风道烘干：长时间使用空调后，在发动机熄火前，打开空调内循环，关闭 A/C 开关，将暖风温度调到最高，关闭门窗，进行风道烘干，防止发霉。

②清理蒸发箱排水管：蒸发箱下方设有排水口，排水管道堵塞时会导致返水。应定期检查和清理排水管道，方法是拆除手套箱后找到蒸发箱排水管，用软硬适中的硬条检查其是否堵塞并进行疏通。

（3）定期保养

除了简单的养护清理，定期对车辆空调系统进行专业保养和维护也非常重要，包括更换易损件、消毒和清洗空调系统。

①空调滤芯定期更换：每次车辆保养时拆下空调滤芯，通过观察其清洁程度判断是否需要更换。

②空调系统杀菌消毒：常见的消毒方式有药液雾化消毒、臭氧消毒和紫外线消毒等，但需选择正规企业的有效产品。

③空调蒸发箱清洗：使用专业设备进行可视化蒸发箱清洗，通过内窥镜观察蒸发箱情况，并直接对蒸发箱喷射药液进行消毒清理。

18 遇到乘客突发疾病应该如何处理?

（1）初步评估与沟通

判断意识状态：立即观察乘客是否清醒，能否正常应答，确认是否存在呼吸、脉搏骤停等危急情况。询问症状及病史：若乘客意识清醒，主动询问其不适症状、既往病史（如癫痫、心脏病等）及是否携带应急药物。安抚情绪：保持语言温和，告知乘客正在采取救助措施，避免其因恐慌情绪加重病情。

（2）环境调整与安全防护

转移至安全区域：将乘客移动至通风良好、平坦的安全区域（如站台休息区、车厢过道等），避免二次伤害。若车辆在行驶中，驾驶员需开启双闪灯并停靠至应急车道或停车带。保持空间通畅：疏散围观人群，使用围挡或屏风隔离现场，确保救援操作空间。

（3）专业资源调动

呼叫医疗支援：立即联系乘务人员、车站工作人员协同处置。拨打 120 急救电话，明确告知患者症状、具体位置及已采取的急救措施。寻求专业协助：通过广播或询问在场人员寻找医护人员参与救助。

（4）针对性急救措施

基础生命支持：对心搏骤停者立即实施心肺复苏（CPR）并使用自动体外除颤器（AED）。癫痫发作时保护其头部，清理口腔分泌物，防止窒息。辅助用药：协助意识清醒者服用自备药物（如心脏病患者的硝酸甘油、癫痫患者的抗痉挛药物）。

病症差异化处理：

①中暑：降温处理（冷敷、通风）、补充含盐饮品。

②脑出血：保持平卧位、头部侧偏，减少搬动。

③休克：抬高下肢，使用棉被等保暖。

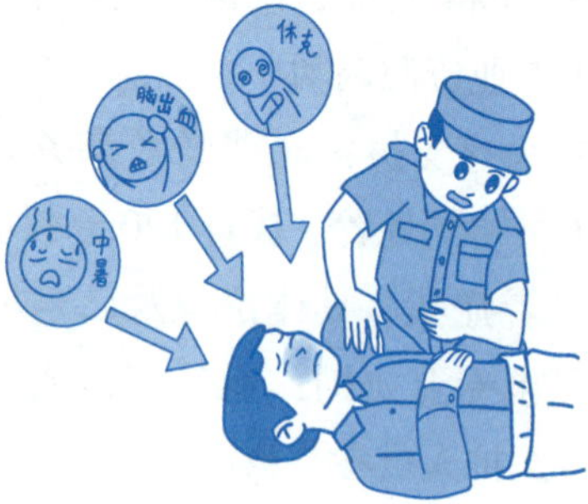

19 接到醉酒乘客订单应该如何处理？

（1）拒绝合乘以保证行车安全

如果醉酒乘客独自乘车且表现出明显的

醉酒状态，司机有权拒绝合乘。在此情况下，司机可以申请无责取消订单，经平台核实后可免除相关责任。这是为了避免因乘客醉酒而引发的行车风险，确保司机和其他道路使用者的安全。

（2）给予适当帮助以确保乘客安全

除拒绝合乘外，司机还可以在保证自身安全的前提下，给予醉酒乘客适当的帮助。例如，可以帮助乘客联系其亲人朋友，让他们知晓乘客的状况并安排接应。如果情况严重，司机还应当及时报警，寻求警方的协助以确保乘客的安全。

20 遇到乘客质疑乘车费用应该如何处理？

（1）费用异议处理标准流程

倾听诉求并保持沟通。允许乘客完整陈述疑虑，避免打断或争执，以平和态度确认争议焦点。

核查设备与费用构成。立即检查计价器铅封完整性、是否归零以及是否在检定周期内，核验票据金额是否与当地规定的起步价、里程费、等候费等一致。针对网约车，需明确解释平台计费规则（如高速费、跨城费是否提前协商）。回溯行驶路线：通过导航系统调取行驶轨迹，确认无不合理绕行

或未按乘客指定路线行驶的情形。

分类处置与纠正。若发现多收费，应立即退还差额并致歉；若计费无误，需出示收费标准文件并逐项解释；若平台系统错误，应协助乘客联系客服并提供行程凭证。

（2）确认违规收费后的处理要求

若存在绕行、议价、拼客等违约行为（如未经同意更改路线或加收费用），驾驶员需按企业规定先行退费，并配合后续调查。根据《出租汽车驾驶员从业资格管理规定》，违规收费行为将面临 200~500 元罚款，乘客可拨打 12328 投诉。

（3）争议升级的解决途径

若乘客不接受解释，需提供企业投诉电话、车票凭证，并告知其可向中国消费者协会、交通部门或司法机构申诉。对涉及重大争议的（如金额较大或拒付车费），应报警方或运管部门现场处置。

第三部分

应急处置篇

21 如何应对电动自行车着火?

（1）火灾初期的应对措施

立即切断电源：如果电动自行车正在充电，应立即切断电源，以防止火势进一步扩大。

使用灭火器：在火灾发生的初期阶段，可以使用干粉灭火器或二氧化碳灭火器进行灭火。这些灭火器能够有效扑灭初期火灾。

避免使用水基灭火器：由于电动自行车起火可能涉及电气问题，使用水基灭火器可能导致触电。

（2）火势失控时的应对措施

立即撤离：如果火势已经失控，进入猛烈燃烧阶段，应立即撤离现场，确保自身安全。

拨打 119 报警：在撤离的同时，及时拨打 119 火警电话求助，向消防人员提供详细地址和火势情况。

通知周围人员：尽可能多地通知周围人群，组织人员在安全情况下撤离。

（3）预防措施

规范充电行为：避免在楼道、疏散通道等不安全的地方充电，最好选择社区的充电桩进行充电。充电时保持有人监控，充电完成后及时拔掉充电器。

拒绝拼装和违规改装：不要自行拼装电动自行车或进行违规改装，这会增加安全隐患。

选择高质量的电动自行车和配件：在正规渠道选购电动自行车，确保产品符合国家标准。

定期检查电动自行车及蓄电池：了解电池的状态，及时更换老化或损坏的电池，确保安全。

（4）提高消防安全意识

加强日常自查自检：在日常使用中，加强对电动自行车线路、电器元件等方面的检查，避免因线路老化、磨损而造成漏电、接触不良或短路等故障发生。

宣传和教育：通过社区宣传栏、楼宇电视、户外大屏等载体，常态化开展电动自行车火灾案例警示性宣传和消防安全科普教育，提高劳动者的消防安全意识。

22 出现交通意外应采取哪些应急措施?

（1）事故初期处理

确保安全：如果事故未造成人员重伤且车辆可以移动，应立即将车移至右侧的应急车道。在高速公路上，则需在车后 150 米外设置警示标志，以提醒后方来车。如果是在恶劣天气下，警示标志的设置距离需增加至200米。

人撤离：务必将车上人员移至安全区域，不要在行车道内逗留，确保人身安全。

报警：在确保安全的情况下，拨打报警电话，准确描述事故位置及相关情况。如果有人受伤，应立即拨打120急救电话。

（2）现场保护

在保证自身安全情况下，可使用相机或手机，从车辆前方、侧面和后方对事故相关车辆的位置、受损部位及受损程度等事故现场情况做好拍摄记录。因抢救伤员而变动现场的，应标记伤员的原始位置。

遇不良天气条件可能会对事故现场重要痕迹、物证造成破坏的，应用塑料布、席子等对现场血迹、制动印痕、散落物等进行遮盖。

（3）救助伤员

按照“先救命，后治伤”的原则，根据人员伤情及施救者医学掌握程度进行科学有效施救。切忌随意移动、拉拽、摇晃伤员，不能施救时应耐心等待医生救护。

存在火灾、爆炸等危险时，应采取正确的搬运方法，及时将伤员转移到安全地带。对于急需救治的伤员，及时求助过往车辆将其送至最近医院。

（4）报告与等待救援

及时向所属公司及发生地公安交通管理、交通运输管理部门报告，上报事故发生时间和地点、人员伤亡和事故经过等基本情况。

交通警察、消防队员、综合交通执法人员、医生等到达现场后，现场人员应积极配合做好相关工作。

（5）特殊场景处理

车辆起火：司机应立即熄火停车，切断油路、电源，让车内人员有秩序下车。若车辆碰撞变形，车门无法打开，可从前后风挡玻璃或车窗处脱身。万一身上着火，可下车后倒地滚动，边滚边脱衣服。切记不要张嘴深呼吸或高声呼喊，以免烟火灼伤上呼吸道。

车辆落水：先深呼吸再开车门，若水较浅，未全部淹没车辆，设法从门窗处离开车辆；若水较深，不要急于打开车门与车窗玻璃，此时车厢内氧气可供司机和乘客维持几分钟。车内人员将头部伸入水面，迅速用力推开车门或玻璃，再浮出水面。

车辆追尾：当碰撞主要方位不在司机一侧时，司机应双手紧握方向盘，两腿向前蹬直，身体后倾，保持身体平衡，以免在车辆撞击时头撞到风挡玻璃；如碰撞主要方位临近司机或撞击力度过大，司机应迅速躲离方向盘，并将两脚抬起，以免受到挤压。

23 高温中暑的急救措施有哪些?

（1）轻度中暑的急救措施

将患者转移到阴凉处：立即将患者转移到阴凉、通风的地方，如树荫下或室内，避免阳光直射。

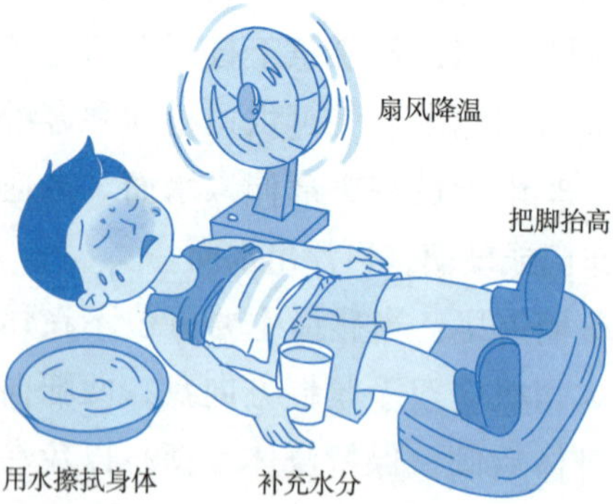

松开衣物：松开患者的衣物，尤其是紧身衣物，以帮助其散热。

补充水分和电解质：给患者喝一些含盐的清凉饮料，如淡盐水、运动饮料或果汁，避免饮用含咖啡因或酒精的饮料。

冷敷：用湿毛巾或冰袋敷在患者的额头、颈部、腋窝和腹股沟等部位，帮助其降温。

休息：让患者平躺或稍微抬高下肢，以促进血液循环。

（2）重度中暑的急救措施

立即拨打 120 急救电话：如果患者出现意识模糊、昏迷、抽搐等症状，应立即拨打 120 急救电话，并尽快将患者送往医院。

物理降温：在等待急救人员到来时，继续用湿毛巾或冰袋敷在患者的额头、颈部、腋窝和腹股沟等部位，帮助其降温。也可以用凉水擦拭患者的皮肤，但避免使用冰水，以免引起寒战。

避免过度降温：降温过程中要注意避免过度降温，以免引起体温过低（低于 37℃），导致其他并发症。

保持呼吸道通畅：如果患者出现昏迷，应将其头部偏向一侧，以保持呼吸道通畅，防止呕吐物堵塞气道。

药物降温：在医生指导下，可以使用一些药物帮助降温，如阿司匹林或对乙酰氨基酚等，但不要随意使用药物，以免加重病情。

（3）其他注意事项

监测患者状况：在急救过程中，要密切监测患者的体温、脉搏、呼吸和意识状态，及时向急救人员报告。

避免再次中暑：患者恢复后，应避免再次暴露在高温环境中，至少在接下来的 24 小时内避免剧烈运动或重体力劳动。

预防措施：在高温天气下，尽量避免长时间暴露在阳光下，多喝水，穿宽松、透气的衣物，保持室内通风良好。

24 触电时应采取哪些应急措施?

（1）脱离电源

切断电源：如果触电地点附近有电源开关或插座，应立即拉开电源开关或拔下电源插头，以切断电源。

使用绝缘工具：如果无法直接切断电源，可用干燥的木棒、竹竿、布带等绝缘物将电源线从触电者身上拨离。

注意高压触电：如果触电者触及断落在地上的带电高压导线，在未确定线路无电之前，救护人员不得进入断线落地点 8~10 米的范围内，以防止跨步电压触电。进入该范围的救护人员应穿上绝缘靴或双脚并拢跳跃地接近触电者。

（2）判断触电者意识

观察症状：触电后，触电者可能会出现精神紧张、面色苍白、表情呆滞、呼吸及心跳加速，严重者会出现抽搐、昏迷、心脏停搏和呼吸停止等情况。

迅速判断：需要迅速判断触电者的意识状态，以便进行下一步的急救措施。

（3）现场急救

神志清醒：如果触电者神志清醒，但心慌力乏、四肢麻木，应将其扶到阴凉通风处休息，慢慢照顾恢复即可。

呼吸停止：如果触电者有心跳，但呼吸停止或极其微弱，可进行人工呼吸救治。

心跳停止：如果触电者有呼吸，但心跳停止或极其微弱，可进行胸外心脏按压救治。

心跳、呼吸全停：如果触电者心跳、呼吸都停止，抢救难度很大，一般需人工呼吸和胸外心脏按压同时进行救治。在现场急救的同时应立即向当地急救中心呼救。

（4）急救过程中的注意事项

观察生命体征：在进行急救的过程中，应时刻观察触电者的生命体征，如呼吸、心跳等，以便及时调整急救措施。

联系医疗救援：应尽快联系专业的医疗救援人员，为触电者提供更全面的救治。

防止二次伤害：如果触电者身在高处，应注意防止其坠落，以免造成二次伤害。

保持冷静：在整个急救过程中，应保持冷静，遵循科学的急救方法，避免盲目操作或延误救治时机。

25 发生烧伤、烫伤如何进行急救？

（1）冲：立即用流动的冷水冲洗烧伤或烫伤部位，持续15~30分钟。冷水可以迅速降低伤口温度，减轻疼痛和组织损伤。注意不要直接用冰水或冰块，以免冻伤。

（2）脱：用冷水冲洗后，小心脱去覆盖伤口的衣物。如果衣物与皮肤粘连，不要强行撕扯，可以使用剪刀剪开衣物，避免加重伤害。

（3）泡：将烧伤或烫伤部位浸泡在冷水中10~30分钟，以进一步缓解疼痛和降温。如果浸泡不便，可以用湿毛巾敷在创面上。

（4）盖：用干净的纱布、毛巾或无菌敷料覆盖伤口，避免感染。不要涂抹有色药物（如红药水、紫药水）、牙膏、酱油等，以免干扰医生判断或加重感染风险。

（5）送：对于严重烧伤或烫伤（如大面积、深度烧伤或伴有其他严重症状），应立即拨打 120 急救电话，尽快送往医院接受专业治疗。

正确处理烧伤和烫伤可以减轻伤害，有利于后续治疗。

1. 冲：流动冷水冲 15~30 分钟，但水流不宜过急

2. 脱：小心除去覆盖的衣物，避免加重伤害

3. 泡：烫伤部位持续浸泡 10~30 分钟，缓解疼痛

4. 盖：盖上无菌纱布或干净的毛巾，减少感染

5. 送：尽快送往专科医院

26 现场救护的基本步骤有哪些？

事故现场急救应按照紧急呼救、判断危重伤情和现场救护三大步骤进行。

（1）紧急呼救

当紧急灾害事故发生时，应尽快拨打120急救电话，或拨打当地担负急救任务的医疗部门的电话，紧急呼救时必须要用最精练、准确、清楚的语言说明伤员目前的情况及严重程度、伤员的人数及存在的危险、需要何类急救等。

（2）判断危重伤情

在现场巡视，对伤员进行初步评估，尤其是处在情况复杂的现场，救护人员需要首先确认并立即处理威胁生命的情况，检查伤员的意识、气道、呼吸、循环体征等。

意识：先判断伤员神志是否清醒，在呼唤、轻拍、推动时，伤员会睁眼或有肢体运动等其他反应，表明伤员有意识。如伤员对上述刺激无反应，则表明意识丧失，已陷入危重状态。

气道：呼吸必要的条件是保持气道畅通，如伤员有反应但不能说话、不能咳嗽、憋气，可能存在气道梗阻，必须立即检查和清除。如进行侧卧位和清除口腔异物等。

呼吸：成人正常每分钟呼吸 12~18 次，危重伤员呼吸变快、变浅甚至不规则，呈叹息状。在气道畅通后，对无反应的伤员进行呼吸检查，如伤员呼吸停止，应保持气道通畅，立即施行人工呼吸。

循环体征：可以通过检查循环的体征，如呼吸、咳嗽、皮肤颜色、脉搏情况来进行判断。成人正常每分钟心跳 60~80 次。呼吸停止，心跳随之停止；或者心跳停止，呼吸也随之停止。心跳、呼吸几乎同时停止也是常见的。心律失常，以及严重的创伤、大失血等危及生命时，心跳或加快，超过每分钟100次；或减慢，每分钟40~50次；或不规则，忽快忽慢，忽强忽弱，均为心脏呼救的信号，都应引起重视。如伤员面色苍白或青紫，口唇、指（趾）甲发绀，皮肤发冷等，可以知道皮肤循环和氧代谢情况不佳。

瞳孔反应：瞳孔又称“瞳仁”，位于黑眼球中央。正常时瞳孔是等大圆形的，遇到强光能迅速缩小，很快又回到原状。用手电筒突然照射一下即可观察到瞳孔的反应。当伤员脑部受伤、脑出血、严重药物中毒时，瞳孔可能缩小为针尖大小，也可能扩大到黑眼球边缘，对光线不起反应或反应迟钝。有时因为出现脑水肿或脑疝，使瞳孔一大一小。瞳孔的变化表示脑病变的严重性。

开放性损伤：对伤员的头部、颈部、胸部、腹部、盆腔和脊柱、四肢进行检查，看有无开放性损伤、骨折畸形、触痛、肿胀等体征，有助于对伤员的病情判断。

（3）现场救护

采取正确的救护体位：对于意识不清者，取仰卧位或侧卧位，便于复苏操作及评估复苏效果，在可能的情况下，翻转为仰卧位（心肺复苏体位）时应放在坚硬的平面上，救护人员需要在检查后，进行心肺复苏。若伤员没有意识但有呼吸和脉搏，为了防止呼吸道被舌后坠或唾液及呕吐物阻塞引起窒息，对伤员应采用侧卧位（复原卧式位），唾液等容易从口中流出。体位应保持稳定，易于伤员翻转其他体位，保持利于观察和通畅的气道；超过 30 min，翻转伤员到另一侧。注意不要随意移动伤员，以免造成伤害。如不要用力拖动、拉起伤员，不要搬动和摇动已确定有头部或颈部外伤者等。有颈部外伤者在翻身时，为防止颈椎再次损伤引起截瘫，另一人应保持伤员头、颈部与身体同一轴线翻转，做好头、颈部的固定。

打开气道：伤员呼吸、心跳停止后，全身肌肉松弛，口腔内的舌肌也松弛后坠而阻塞呼吸道。采用开放气道的方法，可使阻塞呼吸道的舌根上提，使呼吸道畅通。用最短的时间，先将伤员衣领扣、领带、围巾等解开，戴上手套迅速清除伤员口鼻内的污泥、土块、痰、呕吐物等异物，以利于呼吸道畅通，再将气道打开。

人工呼吸：救护人员经检查后，判断伤员呼吸停止，应在现场立即给予口对口、口对鼻、口对呼吸面罩等人工呼吸救护措施。

胸外心脏按压：按压时，不宜用力过大、过猛，部位要准确，不可过高或过低。否则，易致胸骨、肋骨骨折，内脏损伤，或者将食物从胃中挤出，逆流入气管，引起呼吸道梗阻；如果病人体弱或是小孩，则用力要小些，甚至可用单手挤压。

紧急止血：救护人员要注意检查伤员有无严重出血的伤口，如有出血，要立即采取止血救护措施，避免因大出血造成休克而死亡。

局部检查：对于同一伤员，先处理危及生命的全身症状，再处理局部。要按头部、颈部、胸部、腹部、背部、骨盆、四肢各部位的顺序进行检查，检查出血的部位和程度，骨折部位和程度，渗血、脏器脱出和皮肤感觉丧失等。

27 如何实施心肺复苏术?

当心跳呼吸骤停后，循环呼吸即告终止。在呼吸循环停止后 4~6 min，脑组织即可发生不易逆转的损伤；心跳停止 10 min 后，脑细胞基本死亡。所以必须争分夺秒，采用心肺复苏术（人工呼吸和胸外心脏按压法）进行现场急救。

（1）人工呼吸的操作方法

当呼吸停止、心脏仍然跳动或刚停止跳动时，用人工的方法使空气进出肺部，供给人体组织所需要的氧气，称为人工呼吸法。采用人工的方法来代替肺的呼吸活动，可及时有效地使气体有节律地进入和排出肺脏，维持通气功能，促使呼吸中枢尽早恢复功能，使处于“假死”状态的伤员尽快脱离缺氧状态，恢复人体自主呼吸。

人工呼吸法主要有两种：一种是口对口人工呼吸法，即让伤员仰面平躺，救护者跪在伤员一侧，一手将伤员下颌合上并向后托起，使伤员头部尽量后仰，以保持呼吸道畅通。另一手捏紧伤员的鼻孔（避免漏气），并用手掌外缘压住额部。深吸一口气后，对准伤员的嘴，用力将气吹入。同时仔细观察伤员的胸部是否扩张隆起，以确定吹气是否有效、是否适度。当伤员的前胸壁扩张后，停止吹气，立即放松捏鼻子的手，并迅速移开紧贴的嘴，让伤员胸廓自行弹回呼出空气。此时注意胸部复原情况，倾听呼气声，如吹气时伤员手臂上举，吹气停止后伤员口鼻有气流呼出，表示有效。重复上述动作，并保持一定的节奏，每分钟均匀地做16~20次，直至伤员能自主呼吸为止。

另一种是口对鼻吹气法。如果伤员牙关紧闭不能撬开或口腔严重受伤，可用口对鼻吹气法。用一手闭住伤员的嘴，以嘴对鼻吹气。

（2）胸外心脏按压的操作方法

若感觉不到伤员脉搏，说明心跳已经停止，需立即进行胸外心脏按压。具体做法是：让伤员仰卧在地上，头部后仰 10° 左右；抢救者跪在伤员身旁或跨跪在伤员腰的两旁，用一手掌根部放在伤员胸骨下 1/3~1/2 处，或者剑突以上 4~5 cm 处，另一手重叠于前一手的手背上；两肘伸直，借自身体重和臂、肩部肌肉的力量，急促向下压迫胸骨，使其下陷 3~4 cm；按压后迅速放松（注意掌根不能离开胸壁），依靠胸廓的弹性，使胸骨复位。此时心脏舒张，大静脉的血液就回流到心脏。反复地、有节律地进行按压和放松，每分钟 60~80 次。

在按压的同时，要随时观察伤员的情况。如能摸到颈动脉和股动脉等搏动，而且瞳孔逐渐缩小，面有红润，说明心脏按压已有效，即可停止。

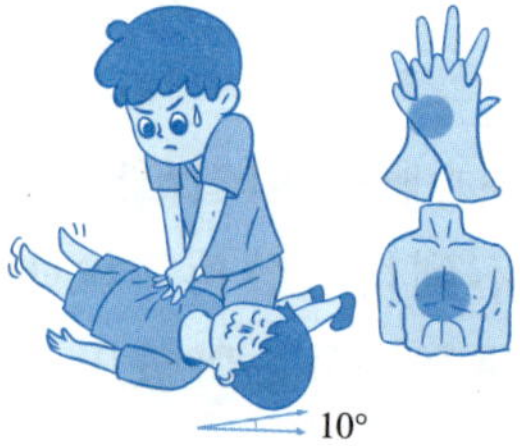

（3）进行心肺复苏时要注意的问题

实施人工呼吸前，要解开伤员领扣、领带、腰带及紧身衣服，必要时可用剪刀剪开，不可强撕强扯。清除伤员口腔内的异物，如黏液、血块等；如果舌头后缩，应将舌头拉出口外，以防堵塞喉咙，妨碍呼吸。

口对口吹气的压力要掌握好，开始可略大些，频率也可稍快些，经过一二十次人工吹气后逐渐降低压力，只要维持胸部轻度升起即可。

进行胸外心脏按压抢救时，抢救者掌根的定位必须准确，用力要垂直适当，要有节奏地反复进行。防止因用力过猛而造成继发性组织器官的损伤或肋骨骨折。

挤压频率要控制好，有时为了提高效果，可加大频率，达到每分钟 100 次左右。抢救工作要持续进行，除非断定伤员已复苏，否则在伤员没有送达医院之前，抢救不能停止。

28 如何使用自动体外除颤器（AED）进行急救?

（1）确认环境安全

确保现场无触电、火灾等危险，再接近患者。

（2）检查患者反应

轻拍患者双肩并呼喊，若无反应，立即呼叫他人帮助并拨打 120 急救电话。

检查呼吸：观察患者胸部起伏，若无正常呼吸或仅有濒死喘息，需立即开始急救。

（3）获取并开启 AED

打开包装，取出 AED，打开电源开关，按照语音提示进行操作。

（4）贴放电极片

裸露患者胸部，擦干汗液或水渍，必要时剃除胸毛。

右侧电极片：右锁骨下方。

左侧电极片：左腋前线平乳头位置（避开植入式起搏器）。

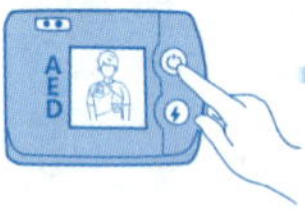

1. 获取并开启 AED

2. 裸露患者胸部

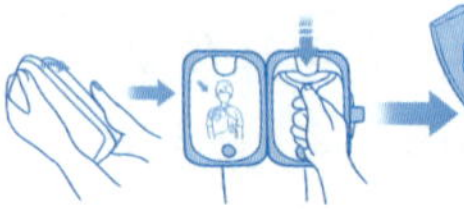

3. 打开电极盒，
撕下两个电极片

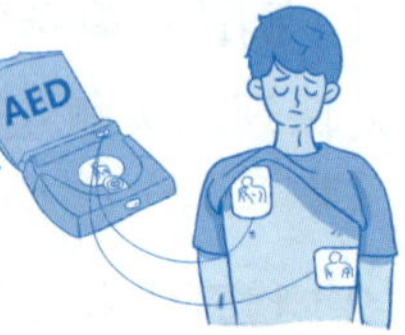

4. 按照图片指示分别将
电极片贴在患者胸部

5. 按照语音提示，按下闪烁的黄色
电击按钮，切勿碰触患者

（5）分析心律

确保无人接触患者，AED 自动分析心律，此时需停止心肺复苏。

若提示“建议电击”，立即清场并按下电击按钮。

若提示“不建议电击”，继续心肺复苏。

（6）电击后继续急救

电击后立即恢复心肺复苏，持续 2 分钟后 AED 会重新分析心律。

循环操作（心肺复苏术 + AED 分析）直至患者恢复呼吸或急救人员到达。

29 遇到洪水如何自救与逃生？

如果遇到洪水，来不及转移到安全地点，也不必惊慌，可向高处（如结实的楼房顶、大树上）逃生，等候救援人员营救。

为防止洪水涌入屋内，应设法堵住大门

下面所有空隙。最好在门槛外侧放上沙袋，沙袋可用麻袋、草袋或布袋、塑料袋，里面塞满沙子、泥土、碎石。

如果洪水不断上涨，应在楼上储备一些食物、饮用水、保暖衣物以及烧开水的用具。

如果洪水泛滥严重，水位不断上涨，必须想方设法自制木筏逃生。任何入水能浮的东西，如床板、箱子、柜、门板等，都可用来制作木筏。如果找不到绳子，可用床单、被单等撕成布条来代替。

在爬上木筏之前，一定要试试木筏能否漂浮，同时收集食品、发信号用具（如哨子、手电筒、旗帜、鲜艳的床单）、划桨等必不可少的东西。在离开房屋漂浮之前，尽量吃些食物并喝些热饮料，以增强体力。

在离开家门之前，切记关闭煤气阀、电源总开关等。

被洪水冲走或落入水中时，要保持镇定，尽量抓住水中漂流的木板、箱子、衣柜等物。如果离岸较远，周围又没有其他人或船只，不要盲目游动，以免体力消耗殆尽。

突遇山洪时，一定要保持冷静，迅速判断周边环境，尽快向山上或较高地方转移；如一时躲避不了，应选择一个相对安全的地方躲避洪水。不要沿着行洪道方向跑，而要向两侧快速躲避。不要轻易尝试涉水过河。被山洪困在山中时，应想方设法寻求救援。

30 遭遇雷击如何进行现场急救？

雷击造成的伤害一般较重，包括灼伤、神经系统损伤、耳鼓膜破裂、爆震聋、白内障、失明、肢体瘫痪或坏死，甚至呼吸、心跳停止，休克，死亡等。雷击伤害常在瞬间发生，伤者生命危在旦夕，必须立即施救。

如果伤者遭受雷击后引起衣服着火，应立即让伤者躺下，避免火焰烧伤面部，并用厚外衣、毯子等物品把伤者裹住隔绝空气，以便迅速扑灭火焰。

若伤者神志清醒，呼吸、心跳均正常，应让伤者就地平卧，严密观察，暂时不要站立或走动，以防继发性休克或心衰。如果一群人被闪电击中，应先抢救那些已无法发出声息的人。

伤者丧失意识时要立即尝试唤醒伤者，并拨打120急救电话。对于呼吸停止、心搏存在者，应立即就地平卧，解开衣扣，通畅气道，并口对口对其进行人工呼吸。对于心搏停止、呼吸存在者，应立即对其进行胸外心脏按压复苏。

若发现伤者心跳、呼吸已经停止，应立即进行口对口人工呼吸和胸外心脏按压，一般抢救时间为 60~90 分钟，直到伤者恢复呼吸、心跳，或确诊已无生还希望时为止。现场抢救最好能有两人分别对伤者施行口对口人工呼吸及胸外心脏按压，以 1∶5 的比例进行，即人工呼吸 1 次、心脏按压 5 次。如现场抢救仅有 1 人，可采用 15∶2 的比例对触电者进行胸外心脏按压和人工呼吸，即先做胸外心脏按压 15 次，再口对口人工呼吸 2 次，如此交替进行。

31 发现有燃气泄漏时应如何处置?

迅速关掉燃气总阀，打开门窗，加强

通风；杜绝一切火种，禁止使用一切电气开关，如开灯等；严禁现场使用电话，应到室外打电话给燃气公司维修；气味散尽后方可回屋内；切勿用火柴或打火机点火的方法寻找燃气管的漏气处；不要在室内脱衣服，人在穿脱衣服时，会产生静电，特别是混纺、尼龙服装。

32 发现有人燃气中毒怎么办?

救援人员应首先采取个人防护措施，用湿布、湿毛巾等捂住口鼻，不要穿带钉的鞋，以防止走动时产生火星而引起爆炸。

然后，救援人员应采取下列措施：

（1）立即打开房间门窗，使新鲜空气入内。

（2）迅速把中毒人员从有燃气的房间移动到空气新鲜或空气流通的地方，解开中毒人员的衣裤、腰带等，保持其呼吸畅通。如中毒人员已无知觉，应将其平放，擦拭口腔并进行人工呼吸，另拨打 120 急救电话。

33 事故现场遇到断肢（指）如何处理?

在工作中如果发生外伤，应采取止血包扎措施。

如发生断肢（指），要立即拾起，用清洁纱布包好，放在塑料袋里。不要用水冲洗断肢（指），也不要用各种溶液浸泡。若有条件，可将包好的断肢（指）置于冰块中，冰块不能直接接触断肢（指）。然后将断肢（指）随伤员一同送往医院。

34 遇到骨折应如何进行处置?

骨骼受到外力作用时，发生完全或不完全断裂时叫作骨折。按照骨折端是否与外相通，骨折分为两大类：即闭合性骨折与开放性骨折。前者骨折端不与外界相通，后者骨折端与外界相通，从受伤的程度来说，开放性骨折一般伤情比较严重。

为了安全运送伤员，防止断骨刺伤周围的神经和血管组织，加重伤员痛苦，对骨折处理的基本原则是尽量不让骨折肢体活动，不要进行现场复位。

（1）上肢肱骨骨折的固定

可用夹板（或木板、竹片、硬纸夹等），放在上臂内外两侧，用绷带或布带缠绕固定，然后把前臂屈曲固定于胸前。也可用一块夹板放在骨折部位的外侧，中间垫上棉花或毛巾，再用绷带或三角巾固定。

（2）前臂骨折的固定

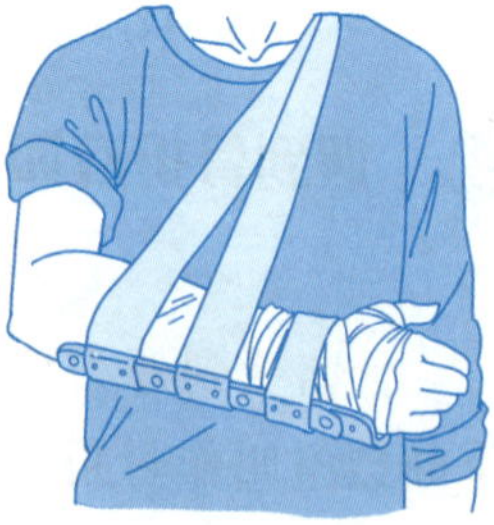
前臂骨折固定法

用长度与前臂相当的夹板，夹住受伤的前臂，再用绷带或布带自肘关节至手掌进行缠绕固定，然后用三角巾将前臂吊在胸前。

（3）股骨骨折的固定

用两块一定长度的夹板，其中一块的长度与腋窝至足跟的长度相当，另一块的长度与伤员的腹股沟到足跟的长度相当。长的一块放在伤肢外侧腋窝下并与下肢平行，短的一块放在两腿之间，用棉花或毛巾垫好肢体，再用三角巾或绷带分段扎牢固定。

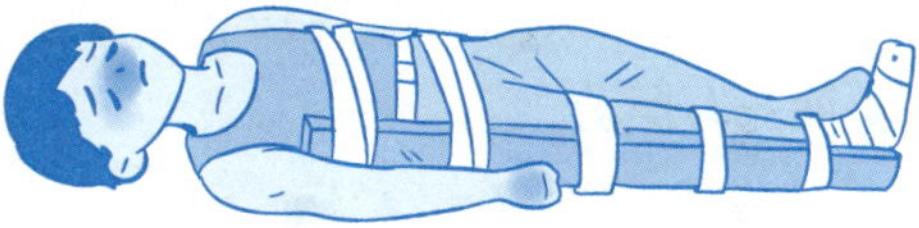

股骨骨折固定法

（4）小腿骨折的固定

取长度相当于由大腿中部到足跟那样长的两块夹板，分别放在受伤的小腿内、

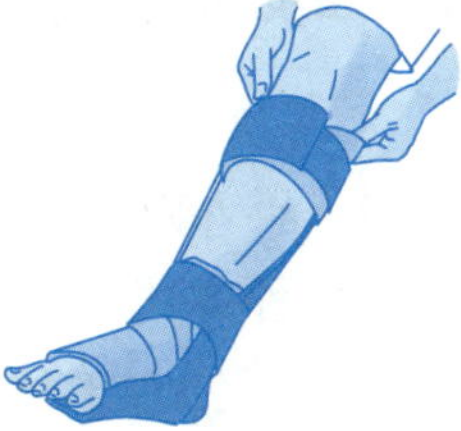

小腿骨折固定法

外两侧，用棉花或毛巾垫好，再用三角巾或绷带分段固定。也可用绷带或三角巾将受伤的小腿和另一条没有受伤的腿固定在一起。

（5）脊椎骨折的固定

这是一种大型固定。由于伤员伤情较重，在转送前必须妥善固定。取一块平肩宽长木板垫在背后，左右腋下各置一块稍低于身厚约 2/3 的木板，分别在小腿、膝部、臀部、腹部、胸部，用较宽的绷带或布带予以固定。颈椎骨折者应在头部两侧置沙袋固定头部，使其不能左右摆动。

35 如何进行伤员的搬运？

（1）单人搬运法

有 3 种方式：单人扶着行走，即左手拉着伤员的手，右手扶住伤员的腰部，慢慢行走，此法适于伤员伤势不重，神志清醒时使用；肩膝手抱法，若伤员不能行走，但上肢还有力量，可让伤员钩在搬运者颈上，此法禁用于脊柱骨折的伤员；背驮法，先将伤员支起，然后背着走。

（2）双人搬运法

有 3 种方式：平抱着走，即两个搬运者站在同侧，并排同时抱起伤员；膝肩抱着走，即一人在前面提起伤员的双腿，另一人从伤员的腋下将其抱起；用靠椅抬着走，即让伤员坐在椅子上，一人在后面抬着靠背部，另一人在前抬椅腿。

（3）几种严重伤情的搬运法

脊柱骨折搬运。脊柱骨俗称背脊骨，包括胸椎、腰椎等。脊柱骨折伤员如果现场急救处理不当，容易增加痛苦，造成不可挽救的后果。对于脊柱骨折的伤员，一定要用木板做的硬担架抬运。应由 2~4 人，使伤员成一线起落，步调一致，切忌一人抬胸，一人抬腿。伤员放到担架上以后，要让其平卧，腰部要用衣物垫好，然后用 3~4 根布带把伤员固定在木板上，以免在搬运中滚动或跌落，造成脊柱移位或扭转，刺激血管和神经，使下肢瘫痪。无担架、木板时，需众人用手搬运，抢救者中必须有一人双手托住伤者腰部，切不可单独一人用拉、拽的方法抢救伤者。否则，易把伤者的脊柱神经拉断，从而造成下肢永久性瘫痪的严重后果。

脊柱骨折伤员的错误搬运法

脊柱骨折伤员的正确搬运法

颅脑伤昏迷者搬运。首先要清除伤员身上的泥土、堆盖物，解开衣襟。搬运时要重点保护其头部，伤员在担架上应采取半俯卧位，头部侧向一边，以免呕吐时呕吐物阻塞气道而窒息，若有暴露的脑组织应保护。抬运应两人以上，抬运前头部给以软枕，膝部、肘部要用衣物垫好，头颈部两侧垫衣物使颈部固定。

颈椎骨折搬运。搬运颈椎骨折伤员时，应由一人稳定头部，其他人以协调力量平直抬在担架上，头部左右两侧用衣物、软枕加以固定，防止左右摆动。

36 发生窒息时如何急救？

轻度窒息（部分阻塞），患者能咳嗽、发声或呼吸。处理：鼓励患者用力咳嗽，不要拍背或干扰。

重度窒息（完全阻塞），患者无法发声、咳嗽或呼吸，双手抓住颈部（窒息手势），面色青紫。处理：立即实施急救，同时拨打120急救电话。

（1）站立位急救

站在患者身后，一脚前插至患者两腿间（保持稳定）。双臂环抱患者腰部，一手握拳，拳眼对准患者肚脐上方两横指处。另一手包住拳头，快速向内上方冲击腹部（类似“J”形用力），重复5次。

目标：通过气流冲出异物。

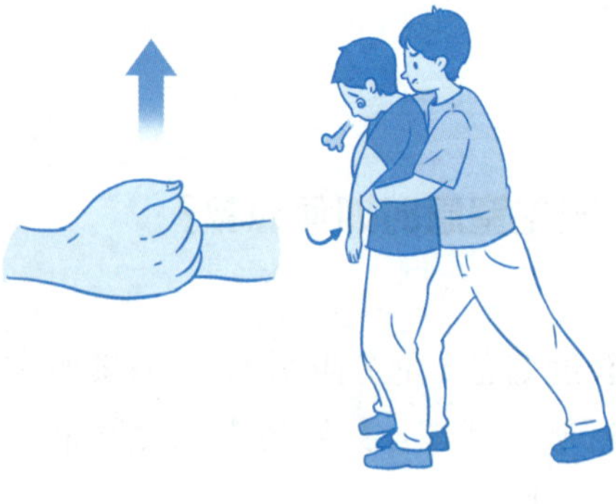

（2）自救方法

握拳抵住腹部，借助椅背、桌角等硬物向内上方冲击，或快速俯身用力咳嗽。

孕妇或肥胖者调整手的位置至胸骨下半段（避开腹部），实施胸部冲击。

37 遇到化学品泄漏应如何处理？

危险化学品的储存、使用、运输等都有

着非常严格的法规要求，危险化学品的储存场所应根据所储存危险化学品的特性，配备防雷、防静电、防水、通风、防爆、监测报警等设施设备。危险化学品运输是特种运输，只有经过国家相关职能部门严格审核，并且拥有能保证安全运输危险化学品的相应设施、设备，才有资格进行危险化学品运输。快递员在派送过程中遇到不明液体泄漏时，应优先确保自身和他人安全，避免直接接触危险物质。

（1）确保自身安全

不要用手、皮肤或衣物触碰液体，避免吸入气体或烟雾。若液体已沾染皮肤或眼睛，立即用大量清水冲洗15分钟以上，并尽快就医。远离泄漏区域，避免围观，防止液体飞溅或挥发气体扩散。若随身携带手套、口罩、护目镜等防护用品，可临时使用。

（2）隔离现场

用警示带、路障或明显标识隔离泄漏区域（至少半径3~5米），防止他人靠近。通知附近居民、路人或同事远离现场，尤其注意儿童和宠物。

（3）立即上报

第一时间报告上级或安全部门，说明泄漏情况（液体颜色、气味、包装状态等）。若液体疑似危险化学品（如腐蚀性、刺激性气味、冒烟等），立即拨打当地环保应急热线或消防部门（119）电话。若涉及人员受伤，同步拨打 120 急救电话。

（4）配合专业处理

禁止擅自处理，快递员不得自行清理泄漏液体，避免错误操作导致二次危害。应向专业人员说明包裹来源、运输路径、泄漏时间等信息，协助判断液体性质。

（5）记录与备案

拍摄泄漏现场、包装标签（如有）、液体状态等照片，留存证据。详细记录事件经过，提交公司备案，必要时配合相关部门调查。

（6）后续预防措施

收件时注意包装是否完好，发现破损、

渗漏等异常情况立即拒收并上报。学习危险品标识（如腐蚀性、易燃、有毒等标签），掌握基础应急知识。

第四部分

职业健康篇

38 什么是职业病?

职业病是指劳动者在职业活动中因接触职业性有害因素（如粉尘、化学物质、物理因素、生物因素等）或受工作环境、劳动方式影响，导致的与工作密切相关的疾病。根据我国《职业病防治法》和《职业病分类和目录》，其认定需满足以下核心条件。

（1）患病主体必须是企业、事业单位和个体经济组织等用人单位的劳动者，若未签订书面劳动合同，劳动者可通过工资支付凭证、工作身份证明、第三方佐证、社保与纳税记录等材料证明事实劳动关系。

（2）职业相关性。疾病必须与从事的职业活动直接相关，如矿工的尘肺病、电焊工的电光性眼炎。

（3）危害因素暴露。工作环境中存在国家规定的职业病危害因素（需通过工作场所检测报告等证明）。

（4）法定目录内疾病。必须属于国家卫健委发布的《职业病分类和目录》。

39 职业病与工伤的区别?

职业病与工伤在定义、认定范围、法律程序及赔偿方式上存在显著差异。职业病是劳动者在职业活动中因接触有害因素导致的疾病，必须列在国家《职业病分类和目录》中，而工伤的范围更广，包括工作中的人身伤害和职业病。根据《工伤保险条例》，工伤包括在工作时间和工作场所内因工作原因受到的身体伤害或健康损害。因此，职业病属于工伤的一部分，但工伤还包括其他情况，如意外事故等。

在认定条件上职业病与工伤也有显著区别。职业病的认定必须列入《职业病分类和目录》（12大类135种），而工伤的认定无目录限制；职业病的诊断应当由取得《医疗机构执业许可证》的、具备专业资质和技术能力，负责对职业相关疾病进行科学诊断的法定机构承担，而工伤是由社会保险行政部门认定。

40 如何预防心脑血管疾病？

（1）健康饮食

应尽量保持规律的用餐时间，避免过度饥饿或过度饱食。随身携带一些健康的零食，如水果、坚果等，以备不时之需。减少快餐和方便食品的摄入，多选择新鲜、营养丰富的食物。在条件允许的情况下，自行准备饭菜。保持饮食多样化，摄入足够的蔬菜、水果、全谷类食物和优质蛋白质，减少高脂肪、高胆固醇食物的摄入。

（2）适量运动

应定期进行有氧运动，如快走、慢跑、骑自行车等，每周至少 150 分钟。运动可以增强心肺功能，降低患高血压和高血脂的风险。在驾驶过程中，可适当活动脚趾、踝关节等部位，促进血液循环。充分利用停车休息的时间，进行简单的肢体活动，如伸展运动、深蹲等，以缓解长时间坐姿带来的不适。

（3）戒烟限酒

吸烟是心脑血管疾病的重要危险因素。同时，应限制酒精的摄入，避免过度饮酒对心血管系统的损害。

（4）控制体重

保持理想体重，避免肥胖。体重超标会增加心脏负担，提高患心脑血管疾病的风险。通过合理饮食与适量运动，维持健康的体重水平。

（5）定期体检

通过定期体检，可以尽早发现高血压、高血脂、高血糖等导致心脑血管疾病的危险因素，及时进行干预和治疗。

41 如何预防职业性肌肉骨骼疾患?

（1）培养良好的驾驶习惯

驾驶员应确保驾驶座椅可调节至最佳位置。最佳的座椅高度可以使双脚轻松、自然地控制踏板，膝盖微屈且不会过度伸展。同时，选择具有良好腰部支撑的座椅，或额外配备腰部靠垫，维持腰椎的生理前凸，减轻腰部压力。合理调整方向盘位置，使其距离身体适中，既便于操作，又不会让手臂过度伸展或弯曲。在驾驶过程中，驾驶员应时刻提醒自己保持正确坐姿，背部挺直，肩部放松，避免弯腰驼背或长时间歪向一侧。

（2）骑行姿势调整

骑行时背部挺直，避免长时间弯腰或驼背，可加装腰托或使用护腰带支撑腰椎。调整电动车或摩托车座位高度，确保双脚能自然平放地面，膝盖微弯（约 120°），减少膝关节压力。双手轻握车把，避免过度用力，可佩戴减震手套缓解手部震动。

（3）避免过度用力

在开关车门、搬运物品时，屈膝下蹲用腿部发力，保持货物贴近身体，避免弯腰直接提起。使用双肩背包或带轮拖车，避免单侧肩膀长期受力不均。注意运用正确的发力方式，避免突然用力或过度用力。

（4）保持定期锻炼

驾驶员可利用休息时间进行简单的身体锻炼。如颈部伸展运动，缓慢地向左右、前后转动头部，拉伸颈部肌肉；腰部扭转运动，坐在驾驶座上，缓慢地左右转动腰部，增强腰部肌肉的柔韧性和力量。此外，每天安排一定时间进行全身性运动，如快走、慢跑等，提升身体整体素质和肌肉耐力。

42 如何预防消化系统疾病?

（1）定时进餐

应尽量规划好自己的工作时间，确保一日三餐定时定量。例如，早上出车前一定要吃早餐，避免空腹驾驶，可选择面包、鸡蛋、牛奶等易消化且营养丰富的食物。午餐和晚餐也应在相对固定的时间进食，每餐控制食量，避免过饱或过饥。

保证饮食中各类营养素的均衡摄入。增加蔬菜和水果的摄入量，同时，适量摄入优质蛋白质，如瘦肉、鱼类、豆类等，为身体提供必要的营养支持。少食用辛辣、油腻、生冷等刺激性食物。

（2）适当饮水

保持充足的水分摄入，建议每天饮用1500~2000 毫升的水。饮水不仅可以促进消化液的分泌，帮助食物更好地消化吸收，还能预防泌尿系统疾病。驾驶员可随身携带一个水杯，随时补充水分，但要注意不要在短时间内大量饮水，以免增加肾脏负担。

（3）戒烟限酒

吸烟和过量饮酒会对消化系统造成严重损害。香烟中的尼古丁等有害物质会刺激胃黏膜，抑制胃肠蠕动，增加胃溃疡和胃炎的发病概率。酒精则会直接损伤胃黏膜和肝脏，影响消化功能。因此，驾驶员应尽量戒烟，限制饮酒量，避免空腹饮酒。

43 如何预防泌尿、生殖系统疾病？

（1）避免久坐与局部压迫

骑行时，选择透气减震的坐垫。调整电动车或摩托车座位角度，略微前倾减少对前列腺的压迫。避免久坐驾驶，每驾驶 1 小时，起身活动 5~10 分钟，以促进血液循环，减少对会阴部的压迫。

（2）减少憋尿习惯

不能因为上厕所不方便就减少饮水量，这会大大增加罹患泌尿系统疾病的风险，建议每日饮水量 1500~2000 毫升（分次饮用），避免用饮料代替水，减少尿液结晶风险。车内应配备便携式尿袋或空瓶，以应对高速公路拥堵或偏远地区的紧急情况。推荐使用具有密封功能的尿袋（如车载尿袋），以避免异味扩散及环境污染。

熟悉公共卫生间分布：在常跑区域标记加油站、商场、公共卫生间、快餐店等地点。使用地图 App 搜索“公共卫生间”，提前规划接单路线时避开公共卫生间稀少的区域。利用接单间隙：在乘客上下车时，若附近有公共卫生间，快速解决需求。

（3）个人卫生管理

每日更换纯棉内裤，骑行后及时清洁会

阴部（可用清水冲洗或湿巾擦拭），避免汗液滋生细菌。避免穿紧身牛仔裤或化纤材质裤子，选择宽松透气的工装裤。

（4）饮食清淡少刺激

减少辛辣食物、酒精摄入（酒精刺激前列腺充血），增加富含锌的食物（如牡蛎、南瓜子），保护前列腺。控制高盐高糖饮食，预防泌尿系统结石。

（5）警惕异常信号与定期体检

及时关注身体症状，若出现尿频、尿痛、血尿、会阴部胀痛或阴囊坠胀感，及时就医排查前列腺炎、精索静脉曲张等问题。定期检查，每年做一次泌尿系统超声和前列腺特异性抗原（PSA）检测。长期骑行人群可增加阴囊彩超检查，排查静脉曲张风险。

44 如何避免过劳伤害？

（1）科学安排工作节奏，避免超负荷运转

每连续工作 1 小时，强制休息 5~10 分钟，下车活动四肢或静坐闭目养神。每日累计工作时间不超过 12 小时，避免昼夜颠倒的排班模式。拒绝“抢单陷阱”，根据体力合理接单，高峰期后主动降低接单频率，避免因平台奖惩机制过度透支体力。

（2）加强心血管健康管理

定期体检筛查，每年必查项目：心电图、心脏彩超、血压、血脂、血糖（尤其肥胖或有家族病史者）。40岁以上增加颈动脉超声和冠脉CT检查，排查动脉硬化风险。

（3）极端天气下的自我保护

高温天气，穿戴透气防晒衣、遮阳帽，随身携带淡盐水或电解质饮料（每小时补水200~300毫升）。车内备藿香正气水，若出现头晕、恶心等中暑症状，立即移至阴凉处降温。低温天气，分层穿衣保暖（内层速干、中层保暖、外层防风），重点保护头、手、脚。避免迎风疾驰，预防冷空气诱发心脑血管痉挛。

45 如何正确面对负面情绪和心理问题?

（1）构建社会支持网络

同行互助社群：加入外卖骑手 / 快递员线上群组，分享工作难题与解压方法。与 2~3 名同事组成“心理互助搭档”，定期互相倾听、鼓励。

家庭情感联结：每天与家人视频通话 5 分钟，聊聊非工作话题（如孩子学习、父母健康），建立情感锚点。

（2）工作场景中的情绪管理技巧

设定“情绪缓冲期”：遇到客户催促或差评时，先深呼吸 3 次（吸气 4 秒，呼气 6 秒），暂缓回应，避免冲动反应。心里默念“这只是工作的一部分，不定义我的价值”，用理性思维替代自我否定。

时间切割法：将每日工作分为若干时段（如上午、午高峰、下午），每段结束后用2分钟记录“今日已完成任务”，增强掌控感。

场景化心理暗示：骑行时听轻音乐或励志播客转移注意力；在头盔或车把贴上积极标语（如“安全送达就是胜利”）。

（3）化解职业压力源

重构对“差评”的认知：统计实际差评率（通常<1%），用数据提醒自己“多数客户是满意的”。 将差评视为改进提示而非个人失败，记录常见问题并制定应对话术（如提前沟通配送延迟）。

对抗“时间焦虑”：使用导航预判时间，接单时主动向客户发送模板消息（如“已取餐，预计某点送达”），减少催单压力。

降低不确定性焦虑：每月固定储蓄“应急基金”（如收入的10%），缓解因罚款或订单波动导致的经济担忧。

（4）日常生活中的心理能量修复

微休息充电法：等餐时闭眼冥想 2 分钟，关注呼吸或身体感受；利用红灯时间做肩颈放松操。

建立“工作—生活结界”：下班后更换便服、清洗工装，通过仪式感切换角色；设定“无工作消息时段”（如睡前 1 小时）。

低成本愉悦清单：列 10 项快速提升情绪的活动（如吃冰激凌、看搞笑短视频、喂流浪猫），情绪低落时立即执行一项。

46 如何预防视力疲劳？

（1）定期休息与眼部放松

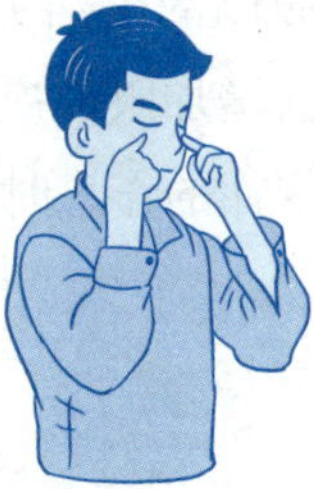

货车司机应每隔 2~3 小时停车休息一次，利用休息时间进行眼部放松。可以眺望远处或绿色植物，以缓解眼部疲劳。此外，做眼保健操也是缓解眼疲劳的有效方法。

（2）正确使用灯光和防护设备

在夜间驾驶时，正确使用灯光可以减少对其他车辆和行人造成的眩光。同时，货车司机可以使用防眩后视镜，这种镜子能有效减少后方车辆灯光的反射，降低眩光对视线的影响。此外，佩戴合适的太阳镜可以在白天减少强光和紫外线对眼睛的刺激。

（3）保持良好的驾驶姿势

调整座椅和方向盘的高度与角度，确保驾驶姿势舒适，减少眼部和颈部的疲劳。正确的驾驶姿势有助于司机在长时间驾驶中保持良好的视线和身体状态。

（4）充足睡眠与规律作息

保证充足的睡眠时间，避免熬夜和昼夜颠倒的生活方式。长期疲劳和不规律的作息会增加眼部疾病的风险。货车司机应尽量保持规律的作息时间，确保眼睛得到充分的休息。

47 如何应对长期骑行导致的腰背疼痛？

（1）调整设备适配身体

电动车 / 摩托车：车座高度以双脚平踩地面时膝盖微弯为宜，避免过高导致腰部前倾。加装减震坐垫或硅胶软垫，减少颠簸对腰椎的冲击。车把高度略高于车座，避免弯腰驼背（可加装增高配件）。

汽车：座椅靠背角度调整为 100°~110°，腰靠支撑腰椎生理曲度（可加装记忆棉腰垫）。膝盖与髋关节同高或略低，避免座椅前缘压迫大腿后侧神经。

（2）功能性护具

腰部支撑带：选择透气弹性材质，在长时间骑行或驾驶时佩戴（避免全天依赖，防止肌肉萎缩）。

震动按摩贴：工作间隙使用便携式低频脉冲按摩仪，放松腰背肌肉（避免直接贴在脊柱上）。

司机专用腰靠：选择符合腰椎曲线的记忆棉材质，分散腰部压力。

电动车加装靠背：安装可调节角度的后靠背，减少骑行时腰部悬空。

（3）日常养护与生活习惯

急性疼痛期：用毛巾包裹冰袋冷敷疼痛部位（每次 15 分钟，间隔 1 小时）。

慢性劳损期：睡前热敷（40℃左右热敷袋或艾草贴）促进血液循环。

选择硬质床垫，侧睡时双腿间夹枕头保持脊柱中立位。避免下班后继续久坐（如打游戏、刷手机），可趴卧，用泡沫轴放松背部。

48 如何预防下肢静脉曲张?

（1）工作习惯调整

动态姿势，避免静态负荷，避免久坐久站。

司机：每驾驶1小时，下车活动腿脚（如绕车走动、深蹲5~10次），调整座椅避免膝盖过度弯曲（腘窝不受压），加装腰靠保持脊柱中立。车内备折叠踏凳，间歇抬高腿部。等红灯时可做脚踝泵运动（脚尖上下勾动）。

踝泵运动

外卖骑手/快递员：利用等单间隙抬高双腿（靠墙或台阶休息5分钟），上下楼梯时脚跟先着地，激活小腿肌肉泵。

（2）科学穿戴

医用弹力袜（压力袜）：选择Ⅱ级（20~30mmHg）梯度压力袜，晨起穿戴，睡前脱下。优先覆盖小腿或大腿的长筒款，注意尺码贴合（可咨询医生）。

宽松衣物：避免穿紧身裤或腰带束缚腰腹，选择透气鞋垫和低跟鞋（司机可选平底软底鞋）。

（3）针对性运动（工作间隙即可完成）

小腿强化：踮脚尖（每组15次，每日3组）、脚趾抓地（模拟“握拳—张开”动作）。

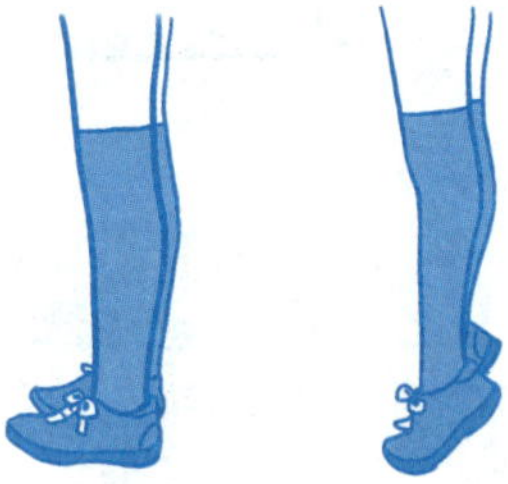

腿部拉伸：弓步压腿（每侧30秒）、站姿摸脚尖（放松后侧肌群）。

简易抗阻：坐姿抬腿（腿伸直悬空10秒，重复10次），利用体重做提踵训练。

（4）生活方式优化

控盐防水肿：少食腌制食品、快餐，增加含钾食物（香蕉、菠菜），帮助排水。

高纤维防便秘：多吃全谷物、蔬菜，避免排便时腹压骤增。

身体质量指数（BMI）超过 24 者需减重，通过低强度运动（如快走、游泳）避免增加下肢负担。

49 如何预防呼吸道疾病？

（1）保持通风良好

无论在何种天气条件下，只要路况允许，驾驶员都应尽量保持车内通风。在春秋季节，可长时间开窗通风，让车内外空气充分流通，降低车内污染物浓度。在夏季和冬季使用空调时，也需定期切换至外循环模式，引入新鲜空气。建议每隔 1~2 小时切换一次外循环，每次保持 15~20 分钟，有效减少车内积聚的有害气体和微生物。

（2）定期清洁空调系统

空调系统是车内空气质量的关键影响因素。驾驶员应定期对空调滤网进行清洁或更换，一般每1~2个月清洗一次滤网，每3~6个月视使用情况更换新滤网。清洁时，可使用专用的空调清洗剂，按照说明操作，去除滤网上积累的灰尘、花粉、霉菌孢子等污染物，防止其在车内循环，引发呼吸道问题。

（3）减少内饰污染

选择环保、低挥发性的车内装饰品，避免使用散发强烈气味的香水或劣质内饰材料。购买新车后，可通过开窗通风、放置活性炭包等方式加速车内异味和有害气体的散发。活性炭具有强大的吸附功能，每立方米车内空间放置500~1000克活性炭包，持续使用1~2周，能有效降低车内甲醛、苯等有害物质浓度。

（4）按需佩戴口罩

在雾霾天气、车内有乘客咳嗽打喷嚏或进入人员密集场所时，驾驶员应佩戴医用外科口罩或 N95 口罩。医用外科口罩能有效阻挡飞沫传播，N95 口罩对空气中的微小颗粒过滤效率更高。佩戴口罩时，要确保口罩贴合面部，遮住口鼻，每 4~6 小时更换一次口罩，若口罩潮湿或污染应及时更换。

医用防护口罩

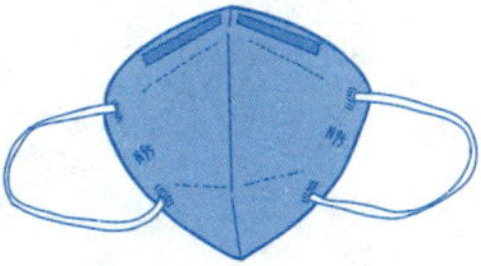

N95口罩

50 如何预防痔疮？

（1）驾驶中的隐蔽训练

红灯训练：每次停车等待时，快速收缩肛门（每秒 1 次，持续 30 秒）。堵车抗压法：

长时间堵车时，深吸气收缩肛门保持 10 秒，然后呼气放松，重复 10 次（同步缓解焦虑）。单臀悬空术：双手握方向盘，单侧臀部抬起离座 2 厘米保持 5 秒，左右交替（每小时做 2 组）。踮脚泵血法：脚掌紧贴地板，快速踮脚尖 20 次 / 组（利用小腿肌肉泵促进直肠静脉回流）。

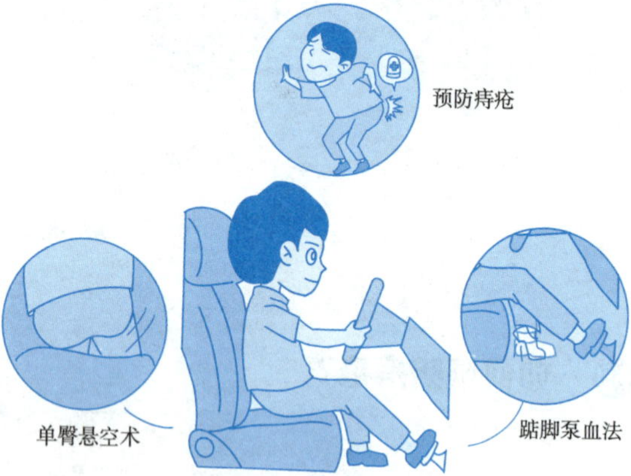

（2）驾驶环境改造

悬浮式充气坐垫：选择带蜂窝镂空设计的充气垫（如 AIR 减压款），每 30 分钟手动充 / 放气一次，动态改变压力分布。椅背倾斜 100°~110°，臀部略高于膝盖（减少会阴部压力），避免身体前倾塌腰。货车司机加装气囊减震座椅，定期检查车辆悬挂系统，减少颠簸对肛门的持续性冲击。

后　记

本书梳理了新就业形态劳动者在安全预防、应急处置、职业健康等方面的常见问题：基础篇分析新就业形态劳动者的职业特点，介绍相关法律法规，帮助从业者了解自身权益和义务；安全预防篇针对常见的工作场景和风险，如极端天气驾驶、车辆故障预防、乘客突发情况处理等，提供具体、可操作的安全建议；应急处置篇聚焦紧急情况下的急救措施，如交通事故、中暑、触电等，帮助从业者在危急时刻冷静应对，降低伤害；职业健康篇从生理和心理双重角度出发，指导从业者预防职业病、调节情绪、保持身心健康。

本书由中华全国总工会劳动和经济工作

部编著，刘小昶任主编，杜文甫任副主编，朱洵、李学敬、董震、王永柱、张博思、窦培谦参与编写。

由于时间和水平限制，本书难免存在疏漏之处，敬请批评指正。